DE
LA CHARTE

ET

DES GARANTIES DE SA DURÉE.

PAR M. BILLECOCQ, AVOCAT.

Paris.

A. PIHAN DELAFOREST,

Imprimeur de Monsieur le Dauphin, de la Cour de Cassation,
de l'Association paternelle des Chevaliers de St.-Louis, etc,
RUE DES NOYERS, N° 37.

1828.

————————

Le sujet que j'ai traité dans cet Écrit deviendrait facilement, sous la plume d'un homme plus habile et qui aurait plus de loisirs, la matière d'un grand ouvrage.

Tel que je le livre à la méditation du lecteur, je le crois susceptible de produire une forte impression sur les esprits. J'y attache, surtout, l'espoir de rallier au gouvernement monarchique fondé en France, par les Bourbons, après vingt-deux années d'interrègne, ceux que des souvenirs, des regrets, des préventions ou des systèmes, ont pu en tenir éloignés jusqu'à ce jour.

J'ose penser que l'Écrivain sera jugé être, non un enthousiaste (on ne l'est guère sur le déclin et avec l'expérience de la vie), mais un Français bien convaincu que le salut de tous est dans le maintien et dans l'affermissement de ce qui existe.

DE

LA CHARTE

ET

DES GARANTIES DE SA DURÉE.

Un camp a été formé à Saint-Omer. Le Roi s'y est trouvé au milieu d'une partie de l'armée. Les conjectures les plus étranges avaient été hasardées à ce sujet. Elles circulaient comme rumeur publique. Cependant, le Roi revenu à Saint-Cloud, la Charte du sage Louis XVIII a continué de gouverner les Français, et cette magnifique coupole qui la recommande à la postérité n'a subi aucune retouche.

Faut-il expliquer par des vœux ou par des craintes les suppositions qui ont eu lieu? On peut dire, avec vérité, qu'il y est entré des uns et des autres. Je laisse à méditer sur ce texte.

Quoique de faux bruits, en matière si grave, soient toujours affligeans, puisqu'ils troublent les esprits par de vagues inquiétudes, il n'est pas trop à regretter que ceux-là se soient répandus. Un bien naîtra du mal même. Les prédictions de ce genre obtiendront désormais peu de crédit.

Et comment, après quatorze ans de la Restauration, après les essais de doctrines contraires, tous infructueux et demeurés sans faveur, craindrait-on encore pour la Charte?

Dans la droiture et la loyauté, si notoires, des princes de la Maison régnante, dans leurs sermens si religieux, la Charte de Louis XVIII aurait déja, certes, de suffisantes garanties. Mais le passé même, nos longs malheurs, ce que nous sommes, comparé à ce que nous avons été, les besoins de la société actuelle, la direction générale des esprits, qui permet de préjuger l'avenir, voilà aussi de puissantes raisons de sécurité. Ces autres garanties ont une force tellement supérieure à tout ce que l'on voudra supposer de force contraire, qu'on peut, sans exagération, les déclarer indestructibles.

Sans doute il s'est rencontré des hommes qui, au retour de nos Bourbons, ont commis l'erreur de croire que la forme de gouvernement proclamée par le chef de l'auguste famille, par le Roi légitime, ne devait être qu'un *provisoire*. Plus d'un de ces hommes l'a dit avec une assurance qui ne pouvait exciter que le sourire. Mais ils ont bientôt connu que cela était sérieux, et qu'un grand Roi, fort d'expérience, ne met pas en réserve d'arrière-pensées pour tromper un peuple. L'attente ainsi déçue, ni l'âge du vénérable Monarque, ni le souvenir de ses longues adversités, ni la majesté royale elle-même, ne l'ont préservé des traits d'une censure toujours irrespectueuse et souvent passionnée. Mais la postérité vengera de ces jugemens, j'ai presque dit de ces outrages contemporains, l'immortel auteur de la Charte.

Sans doute, encore, il y a des résistances d'opinions personnelles, d'intérêts froissés, d'anciennes habitudes. L'âge, la difficulté de se faire à une existence nouvelle, le droit, d'ailleurs, de penser librement sur les choses politiques, expliquent de telles dissidences ; elles ont même un côté respectable, c'est la bonne foi, quand elle s'y trouve. C'est encore le malheur, quand il en est le principe. Mais le législateur de la Charte, ressaisissant, après vingt - deux ans d'interrègne, le sceptre héréditaire, a dû consulter, reconnaître et satisfaire les intérêts généraux de la nation, aux vœux de laquelle lui et sa race étaient rendus. Voilà tout le secret de la forme que Louis XVIII a donné, en France, au gouvernement monarchique.

La Charte, ce grand ouvrage d'un Prince qui revenait dans sa patrie, il y a quatorze ans, pour y régner sur un peuple presque renouvelé, a déja de profondes racines. C'est que son auteur avait bien apprécié les dispositions de ce peuple-là ; c'est qu'il avait compté pour quelque chose les temps et les hommes. Les répugnances peu déguisées, les attaques indirectes, les controverses engagées avec force, quelquefois avec passion, n'ont servi qu'à l'affermissement de l'œuvre. Les six années, surtout, qui viennent de s'écouler, doivent l'avoir démontré. Et les calculs, non moins sérieux que précis, de M. Ch. Dupin, doivent en avoir convaincu les plus incrédules.

Il serait triste que ce fût du côté par où on le supposerait moins possible que dût se présumer, sinon une résistance, du moins une opposition sourde aux institutions nées de la Restauration.

Les anciens révolutionnaires, ou ne sont plus, ou s'effacent journellement, ou sont hors de combat. L'inimitié de ceux qui en restent est de toute impuissance : car la démagogie a cessé, depuis long-temps, d'être populaire en France.

Les anciens républicains (j'entends les républicains qui l'étaient par système, et ceux-là furent toujours en petit nombre) ont fini par désespérer de leur démocratie constitutionnelle. D'ailleurs ; ils ne peuvent méconnaître que tout ce qui, de la liberté civile et politique, est compatible avec un ordre social, se trouve dans la Charte. Elle doit donc n'avoir pas en eux des ennemis, et d'autant moins que le gouverne-ment monarchique qui, aujourd'hui s'appuie sur elle, est rendu plus cher aux Français par le caractère personnel des Princes qui occupent le trône.

Les anciens partisans de Bonaparte n'ont pas regretté en lui un ordre de choses politique, mais une puissance qui s'exerçait, à leur égard, par des avancemens, par des honneurs, par des dignités ; en un mot, par des bienfaits. La reconnaissance, et ce sentiment mérite qu'on le respecte, s'est attaché à la personne d'abord, ensuite à la mémoire. Mais il n'y a rien là comme regret d'une forme de gouvernement préférée. Disons plus : la monarchie convient nécessairement aux dispositions de ceux qui aimèrent dans l'empire de Bonaparte le gou-vernement d'un seul, et à ceux-là je ne fais point l'injure de penser que la monarchie, pour qu'elle leur plaise, doive être opprimante et tyrannique.

On arriverait donc, et cela serait pénible, à ne plus trouver que les rangs des royalistes, où des vœux seraient contraires à la Charte. Ce-pendant c'est le Roi légitime qui l'a donnée, qui l'a jurée. C'est d'un autre Roi légitime qu'elle a reçu les sermens, et dès sa promulgation, et dans la plus auguste des solennités. Si le devoir de tout royaliste sincère est de se soumettre au Roi, comment comprendre un royalisme où la volonté royale ne trouverait pas d'obéissance? L'inconséquence, ici, ne serait-elle pas palpable? Si chacun de nous ne veut de la royauté dans le prince qu'autant que ce qu'aura fait le prince obtiendra son assentiment, il n'y a plus de royauté, il n'y a plus de monarchie. Aussi voyez l'Espagne et ses absolutistes, et ses carlistes, et ses agraviados ! Un Roi y existe encore; mais la royauté n'y est plus.

Ils entendaient mieux les droits du monarque légitime et le devoir des sujets, ces illustres chefs vendéens qui, au temps de leur noble guerre, et à l'occasion de négociations entamées, avec eux par le ministère britannique, répondaient « qu'ils ne s'occupaient nullement de la « forme qu'il plairait au Roi de donner au gou- « vernement de la France ; que l'unique objet « de leur attitude en armes était de concourir « à le replacer sur son trône héréditaire. » Voilà le vrai royalisme, et non celui qui met pour condition à son obéissance un gouvernement monarchique accommodé à ses vues propres, à

ses intérêts ou à ses préjugés. Aussi ne voyons-
nous pas que ces hommes de la Vendée, anciens
chefs ou anciens soldats, se mêlent de politique
intérieure. Les Bourbons sont sur le trône. Les
vœux de ces défenseurs de la royauté sont com-
blés. Ils ne discutent point : toujours soumis,
toujours fidèles, ils obéissent.

Ce serait, en effet, une étrange inconséquence que de vouloir, pour un Roi, la toute
puissance d'agir ; mais à condition qu'il n'en
usera pas comme il lui plaira. Car, enfin, un
Roi absolu use encore du pouvoir absolu quand
il décide de rendre ce pouvoir moins absolu.
Et le prince qui sait se soulager ainsi lui-même
d'un pareil poids, sans compromettre la force né-
cessaire d'action de son gouvernement, est bien
assuré de toute l'affection des peuples. Qui fût
plus absolu que Bonaparte ? Qui fut moins ai-
mé que lui ? Lequel pense-t-on être le plus
heureux, de Charles X ou de Ferdinand VII ?
Quand on veut de l'absolutisme, il faut aller
vivre à l'ombre du sceptre de Mahmoud. Celui-
là s'entend à le mettre en pratique, et ne laisse
rien à désirer aux amateurs.

Il semble que, du moins, la résistance intérieure à la Charte doive détourner des fonctions
qui ne s'exercent que sous ses auspices. Que serait-ce donc si, au nombre de ceux qui nour-

rissent dans leurs cœurs des pensées contre elle,
il s'en rencontrait qui fussent investis d'emplois
dont le préalable obligé est le serment à cette
loi fondamentale, qui, dès-lors, l'eussent prêté
ce serment !

Le serment est une promesse faite aux hommes devant Dieu. C'est le lien le plus sacré, le
plus saint, par lequel celui qui contracte puisse
être engagé : car on y atteste le plus clairvoyant
comme le plus redoutable des témoins. Conçoit-
on bien qu'un pareil acte, si capable d'impres-
sions profondes sur les âmes, et qui commande
un si religieux recueillement, pût n'être pas
sincère ? Conçoit-on un serment prêté non-seulement avec la disposition à ne pas le tenir,
mais encore avec la résolution de le violer !
Conçoit-on de quel œil pourraient se regarder
les uns les autres ceux qui se connaîtraient
complices d'une pareille duplicité ! Ces idées
seules effraient à tel point qu'on ne saurait les
admettre.

Serait-il vrai qu'on dût expliquer par la res-
source des restrictions mentales un accommo-
dement ainsi ménagé entre la conscience et des
vues humaines ? La doctrine des restrictions
mentales est trop abominable pour qu'une telle
supposition obtienne quelque crédit. Il suffit à
chacun de sa conscience pour reconnaître qu'on

ne se moque pas de Dieu (1), et que prononcer devant les hommes, en l'invoquant, une promesse à laquelle on a l'intention de n'être pas fidèle, c'est outrager, en même temps, la vérité, la morale et la religion; c'est poser l'affreux principe de toutes les violations de la foi promise. Où ne conduirait pas, d'ailleurs, et les gouvernemens et les nations, un système de transaction aussi odieux ? Rien n'est plus simple que de ne pas faire ce à quoi la conscience résiste, que de n'accepter point des emplois qui ne s'accorderaient point avec ses avertissemens et ses inspirations. En agissant ainsi, on est content de soi-même, on mérite le respect des autres. Mais se laisser investir de fonctions, les briguer peut-être, jurer de les remplir fidèlement, tout en faisant des vœux et en entretenant des espérances contre l'ordre de société établi, et se flatter qu'on en est quitte devant Dieu pour faire ses conditions avec soi-même, de manière à concilier son intérêt avec sa conscience, ce serait le plus grand attentat contre ce qu'il y a de plus vénérable pour les hommes, ou ce serait le plus déplorable des égaremens. Il faut donc n'y pas croire.

Je n'irai pas non plus jusqu'à penser qu'éta-

---

(1) *Deus non irridetur*, B. Pauli Epist ad Galat. cap. **V**, vers. 25.

blissant des calculs sur des suppositions qui seraient aussi erronnées qu'injurieuses, quelques hommes aient cru prendre le chemin de la faveur en se montrant contraires à la Charte. Je dirai, toutefois, que, si une spéculation aussi étrange pouvait exister, la confusion de ceux qui l'auraient conçue devrait naître de la sincérité même qu'ils auraient eu la témérité de mettre en doute.

Les personnes qui connaissent bien la France d'aujourd'hui comprendront l'importance des réflexions qui précèdent. Quant à moi, j'ai trop observé, trop recueilli, pour avoir pu les retenir.

Il est, au surplus, consolant de remarquer que les résistances à la Charte, soit déclarées, soit secrètes, s'affaiblissent chaque jour. Le temps opère. Les comparaisons ont leur résultat; tel homme qui, en 1814, n'admettait pas la pensée que la monarchie des Bourbons pût s'asseoir sur les bases posées pour elle par la Charte, s'est bien familiarisé depuis avec la croyance contraire. Et il doit suffire à tout Français de bonne foi, pour avoir confiance dans la durée de l'édifice, de reconnaître par combien de côtés il est soutenu. Je me trouve amené ainsi à justifier ce que j'ai dit des garanties que la Charte de Louis XVIII trouve dans le passé, dans le présent et dans l'avenir.

A l'histoire seule il appartiendra d'exposer les causes, tant éloignées que médiates, de la Révolution qu'a subie la France en 1789. Malheureusement pour la mémoire qui se conservera de nous, la postérité sera d'autant plus sévère que l'histoire aura été plus véridique. Mais, obscur contemporain des évènemens, je ne suis destiné à préparer les arrêts ni de l'une ni de l'autre. Je me renferme donc dans l'objet de cet écrit.

Soit qu'on veuille appeler le passé, relativement à la Charte, l'état de la France avant la révolution, soit qu'on borne ce nom au temps qui s'est écoulé entre cette dernière époque et la Restauration, il faut toujours reconnaître que l'un et l'autre ont également conduit les choses à l'ordre nouveau que le Roi légitime a réglé pour elles ; que, dès-lors, et précisément parce que les faits de chacune de ces deux époques ont produit la Charte, elle trouve une garantie de sa durée dans ce double passé lui-même.

A l'égard de la première période, il ne saurait être contesté qu'à partir, seulement, des soixante-quinze années qui avaient précédé la Révolution, les mœurs déplorables de la régence, les doctrines licencieuses et hardies qu'elles favorisèrent, la longue impunité de ces doctrines,

qui, même, trouvèrent de puissans protecteurs ,
les désordres d'un règne qui légua tant de dif-
ficultés et de périls au plus vertueux, au plus
infortuné des rois ; les embarras toujours crois-
sans des finances, qui augmentaient les besoins
de l'impôt ; l'appui prêté à la cause des colonies
anglo-américaines, les maximes et les principes, si nouveaux pour elle, que la noblesse
française alla recueillir au sein d'une guerre
d'indépendance, et qu'elle rapporta dans sa
patrie ; l'engouement pour les modes et pour les
habitudes d'un pays voisin ; les luttes presque
continuelles de la magistrature contre le trône,
la résistance des deux premiers Ordres de l'Etat
à des mesures d'allègement des charges publi-
ques qui pouvaient les atteindre, la direction
vers les controverses politiques imprimée aux
esprits ; le défaut, enfin, d'équilibre entre les
pouvoirs, défaut d'équilibre devenu la matière
de discussions générales ; toutes ces circonstances, dis-je, avaient préparé pour la France
une autre forme de gouvernement monarchique. Et bien habile serait, selon moi, l'écrivain qui réussirait à prouver qu'avec de tels
antécédens cette France, sur la fin du dix-huitième siècle, pouvait rester long-temps celle
que Louis XIV et Louis XV avaient laissée à
leurs successeurs.

Aussi personne n'ignore-t-il que déja, en 1789, des hommes qui, certes, n'étaient pas révolutionnaires, des hommes, au contraire, essentiellement monarchiques, en qui la naissance, la considération acquise, les lumières, garantissaient la pureté comme la sagesse de vues; des hommes, enfin, à qui étaient chères la gloire et la paix de leur patrie, pensaient avec sollicitude aux moyens d'asseoir la monarchie en France sur des bases dont plusieurs se rapprochaient beaucoup de celles que, vingt-cinq ans après, Louis XVIII lui a données pour fondemens. Je ne nommerai ici que les Stanislas de Clermont-Tonnerre, les Lally-Tollendal, les Mounier, les Malouet, les ducs de La Rochefoucauld. Mais tout contemporain de cette époque sait parfaitement que, dans les hautes classes, et partout où il y avait des esprits éclairés, on éprouvait le besoin et l'on exprimait le vœu de réformes et d'institutions avec lesquelles était inconciliable le maintien de tout l'ancien ordre monarchique. Les cahiers de *doléances* qui, de toutes parts, avaient été dressés pour les députés aux Etats-généraux, suffisent seuls à la preuve qu'un mal-aise universel, alors, présageait et demandait, pour le système de gouvernement, les modifications qui devaient en être le remède. Il n'y a qu'exactitude à dire que ce ne sont pas les révolutionnaires qui ont fait la révolution, mais que c'est la révolution qui a engendré des révolutionnaires. Comment s'est-il fait qu'une révolution ait eu lieu? C'est là une question à laquelle répond l'histoire de la France pendant tout le dix-huitième siècle.

Sans doute, à supposer que les choses se fussent passées paisiblement, en 1789, qu'un concours de circonstances dont les plus notables ont été les fautes, les vues personnelles et les passions, n'eût pas fait éclater une révolution, ce n'est pas la Charte que la France aurait eue, telle qu'elle nous gouverne aujourd'hui. Mais, à coup sûr, ce n'eût pas été l'ancien régime qui fût demeuré. Une expérience trop récente alors, le souvenir d'un passé dont on était encore si voisin, s'y opposaient irrésistiblement, et, dès cette époque, beaucoup d'élémens du nombre de ceux dont se compose la Charte fussent entrés dans l'économie du gouvernement monarchique de la France.

On n'a besoin, pour reconnaître cette vérité, que de se rappeler la déclaration que, dès 1795, époque où Louis XVIII fut salué Roi à l'étranger, ce sage Prince rendit publique. Elle montre, cette déclaration, combien le nouveau Monarque était déjà convaincu que l'ancien ordre de choses

devait subir, en France, des modifications ca-
pitales.

Ainsi, à ne considérer que la première des
deux périodes par l'une ou par l'autre desquelles
j'ai supposé qu'on voulût entendre le passé, relativement à la Charte, la situation des choses
et la disposition des esprits furent notoirement,
dès 1789, les indices d'une nécessité de réforme
dans l'ordre de société existant en France. Cette
nécessité, le passé, presque encore présent pour
un grand nombre de Français, à l'époque dont je
parle, la signalait à toutes les méditations.
Toute autre forme de gouvernement monarchique qui eût prévalu aurait eu une garantie
dans l'expérience de ce passé, dans la contem-
plation de ses résultats, dans l'opposition uni-
verselle à un retour des causes qui les avaient
produits. En un mot, si la révolution de 1789
n'eût pas enfanté la constitution de 1791, la
France n'en aurait pas moins vu s'introduire
dans la forme de son gouvernement monarchique, par la seule force des choses, des chan-
gemens notables, tous exclusifs de l'idée qu'on
attache au nom de l'ancien régime. C'est ce que
prouve bien le plan qui fut tenté dans la séance
royale du 23 juin de la première de ces années.

Une autre raison de ce qui précède se tire

des dispositions personnelles du vertueux Prince qui occupait alors le trône.

Louis XVI avait un sentiment profond de ses devoirs de roi; il en appréciait la gravité; il en jugeait redoutable la responsabilité devant Dieu. Régner, pour lui, c'était un péril, c'était presque une *charge d'ames. Les Directions pour la conscience d'un Roi*, de l'illustre prélat qui, présidant à l'éducation du petit-fils d'un monarque absolu, avait, pourtant, composé cet ouvrage au sein même de la cour de ce monarque, étaient devenues comme le manuel de Louis XVI (1). Et l'on peut conjecturer que, parmi les interrogations sévères qui y abondent, celles-ci, surtout, avaient fait, sur un cœur aussi pur et aussi droit que le sien, toute leur impression :

« Vous savez qu'autrefois le Roi ne prenait

______

(1) J'ai dit ailleurs, comme l'ayant recueilli de M. le comte de Sèze, qui a conservé précieusement ce souvenir, que Louis XVI ayant, par hasard, dans les premiers momens de son avènement au trône, découvert les *Directions pour la conscience d'un Roi*, qui étaient, dans ce temps-là, devenues fort rares, et, en ayant été extrêmement content, chargea l'abbé *Soldini*, son confesseur, de les faire réimprimer, en lui disant: *Comme je suis résolu de remplir tous mes devoirs, je n'ai pas d'intérêt à en faire un mystère au public : il serait fâcheux d'ailleurs, pour mes successeurs, qu'un aussi bon livre vînt à se perdre.*

« jamais rien sur ses peuples *par sa seule au=*
« *torité*. C'était le parlement, c'est-à-dire l'as-
« semblée de la nation, *qui lui accordait les*
« *fonds nécessaires pour les besoins extraor-*
« *dinaires de l'Etat*. Hors de ce cas, il vivait
« *de son domaine*. Qu'est-ce qui a changé cet
« ordre, *sinon l'autorité absolue que les rois*
« *ont prise ?* De nos jours, on voyait encore les
« parlemens, qui sont infiniment inférieurs
« aux anciens parlemens ou états de la nation,
« faire des remontrances pour n'enregistrer
« pas les édits bursaux. Du moins, devez-vous
« n'en faire aucun, *sans avoir consulté des per-*
« *sonnes incapables de vous flatter*, et qui aient
« un véritable zèle pour le bien public. N'avez-
« vous point mis sur les peuples de nouvelles
« charges pour soutenir vos dépenses superflues,
« le luxe de vos tables, de vos équipages et
« de vos meubles, l'embellissement de vos jar-
« dins et de vos maisons, les graces excessives
« que vous avez accordées à vos favoris ? »

C'était préparé par de telles lectures et pé-
nétré de telles obligations que les évènemens
de 1789 trouvèrent le monarque qui gouver-
nait alors la France.

Il est donc raisonnable de penser, il a donc
été vrai de dire que, sous un premier rapport,

la Charte, promulguée vingt-cinq ans après, trouve l'une de ses garanties dans le passé.

Mais la proposition paraîtra bien autrement incontestable si l'on veut borner ce passé, relativement à la Charte, au temps qui sépare la Restauration de la Révolution à sa naissance. Ici, les preuves se pressent, et le développement en est devancé par tous les bons esprits.

Après trente-huit années de la convulsion la plus violente dont il y ait exemple parmi les nations ; après que trente-cinq de ces années se sont écoulées à la suite d'une catastrophe lamentable où fut brisé un trône de quatorze siècles, après que des générations nouvelles se sont élevées durant ce long intervalle, et ont essayé successivement trois ou quatre formes de gouvernement différentes, dans la conception desquelles toutes les théories politiques ont été examinées, discutées, proposées, mises en action ; après que, du milieu des systèmes divers, des aberrations et des malheurs, il est sorti une expérience qui a fait de la loi une toute puissance, de la liberté réglée par elle et de l'égalité devant elle, de véritables dogmes politiques, serait-ce donc une question que celle de la garantie qui existe, pour la Charte, dans le fait même de ces antécédens de controverses et de maux ? Non, sans doute ; et je ne crains pas d'affirmer qu'il n'est pas un Français ayant atteint l'âge de quarante ans, étant libre de passions, et jugeant d'après ses propres idées, qui ne reconnaisse qu'autant le retour du régime antérieur à 1789 a été rendu impossible par la force des choses, autant le seul souvenir de chacun des régimes nés de la révolution avant la Charte donne plus de prix à cette nouvelle loi fondamentale et dépose plus hautement de la sagesse de son auguste auteur.

Au moment où la Restauration vint consoler la France et où le Roi légitime résolut de lui donner la Charte, en l'annonçant par la déclaration de Saint-Ouen, déja aux hommes de trente-cinq à quarante ans, c'est-à-dire à ceux qui font la force d'une nation, l'ancienne France était étrangère. Les trois Ordres, les conditions de naissance pour parvenir aux dignités et aux honneurs, les parlemens, les bailliages, les présidiaux, les sénéchaussées, les élections ; rien de tout cela n'était connu d'eux, du moins par une contemporanéité capable d'appréciation et de cet attachement que produit l'habitude, pour ce qu'on a vu long-temps. Ceux-là ont atteint aujourd'hui leur cinquantième ou cinquante-cinquième année ; et, sans doute, aucun d'eux n'a pris une soudaine affection pour un ordre de choses avec lequel ne s'accordaient nullement les idées qu'il avait trouvé accrédi-tées à son entrée dans le monde. Que faut - il donc dire des hommes qui comptent aujourd'hui vingt-cinq ou trente ans, et qui vont bientôt occuper dans la balance des forces politiques la place des premiers ! Ce qu'ils savent, ceux-là, de tout le passé, sans distinction d'époques, mais ce qui leur suffit pour l'apprécier, c'est que la Charte a mis un terme, dans ce siècle-ci, aux malheurs de tout genre que lui avait légués le siècle précédent , et particulièrement à vingt-cinq ans d'agitations, de fureurs, de déchiremens et de tyrannie, tour à tour popu-laire, olygarchique et impériale. Ce n'est pas une génération ignorante que celle qui connaît cela, et ce n'est pas pour un pays qui a été traité comme la France par la Révolution que le mal passé est un songe. Bien au contraire, le sentiment profond de ce mal, trop réel , rend plus chère aux peuples une forme de gou-vernement où les lois commandent à tous, et qui fait du Monarque le véritable père de fa-mille de ses sujets.

L'ouvrage de Louis XVIII est donc garanti dans sa durée par le passé lui-même.

Il l'est aussi par le présent.

A cet égard , deux mots pourraient opérer

la démonstration : comment avons-nous été ?
et comment sommes-nous ? Si l'on observe que
ces questions rentrent dans la discussion qui
précède, la réponse sera, d'abord, que le présent ne s'apprécie bien que par la comparaison
avec le passé. Mais elle ne se bornera pas là.

Une forme de gouvernement monarchique
existe en France depuis quatorze ans, où le législateur de la Charte a disposé, avec sagesse,
des élémens pour lesquels les vœux déja anciens, les idées mûries au milieu de la tempête et
une longue expérience du besoin de leur sanction
légitime avaient réclamé puissamment. Une
pondération des pouvoirs, la délibération publique des matières législatives, le vote libre
de l'impôt, l'inamovibilité des juges, le jury
en matière criminelle, l'égale admissibilité
aux emplois, une liberté de la presse réglée
par les lois, la protection pour les cultes différens de la religion de l'Etat, laquelle seule dût
être proclamée telle ; voilà ces élémens. Au milieu des froissemens d'intérêts, des oscillations
plus ou moins fortes, ce gouvernement monarchique de la Charte s'est assis sur ses bases. Préparé par vingt-cinq années de controverses,
d'essais et de mal-aise, il a, le premier, depuis
ce long intervalle de temps, fait connaître aux
Français étonnés la liberté, l'ordre et le repos.

Les générations nouvelles, accoutumées à regarder la publicité comme le premier des intérêts, parce qu'elle est la principale des garanties, se sont attachées bientôt à un ordre politique de choses qui la consacre. Elles n'ont été que plus disposées à révérer et à chérir une dynastie qui avait décidé de régner à découvert, pour ainsi dire, et de mettre les peuples, avec une noble confiance en eux, dans le secret des affaires du pays.

D'un autre côté, de vastes carrières étaient ouvertes à l'instruction, au talent, à la considération acquise, et pouvaient être parcourues avec gloire. Si la naissance, la fortune ou d'éminens services devenaient les conditions pour l'une, le mérite reconnu, un cens modéré, l'âge requis suffisaient pour l'autre. Tout homme généreux que la nature, par les dons qu'elle lui aurait départis, avertirait de ses ressources morales et intellectuelles, pouvait aspirer aux triomphes de l'éloquence et aux dignités de l'homme d'État. L'émulation la plus vive devait être excitée par une perspective aussi brillante.

Aussi, l'influence de ce nouvel ordre de choses s'est-elle fait universellement sentir. La direction générale des esprits vers les études sérieuses ne saurait avoir échappé à personne. Jusque dans les cercles les plus frivoles en apparence ; les sujets d'entretien sont devenus graves. Le mieux de tout ce qui se projette ou se propose y est un objet de méditation et de recherche. La liberté de penser et de dire est entière, mais elle n'est pas séditieuse : car chacun connaît bien aujourd'hui la puissance de la loi. Chacun sait qu'elle est un despote sous lequel, loin qu'il y ait honte, il y a dignité à fléchir. Le temps n'est déja plus où l'on ne parlait que de droits. Tout le monde comprend qu'il y a des devoirs. L'esprit frondeur s'exerce toujours, à la vérité. Il est celui du Français. Mais on obéit, parce que le Roi commande au nom de la loi, proposée par lui, discutée librement au sein des deux Conseils nationaux, amenée, entre le Monarque et eux, à son degré de perfection possible, et solennellement promulguée.

La jeunesse, surtout, qui regarde cet état de choses comme une sorte de patrimoine pour elle ; la jeunesse, destinée par le cours de la nature à le posséder plus long-temps, le prend, chaque jour, dans une plus vive affection. Elle y trouve tout ce qui s'assortit avec les nobles sentimens de son âge. Elevée au sein de familles où elle a entendu déplorer souvent la décadence des fortunes, comme l'un des résultats de la terrible commotion politique qui a tout déplacé, elle a su de bonne heure ne devoir compter que sur elle-même. L'étude, le travail, la considération, voilà où elle aperçoit les moyens de succès. Son ardeur, qui pourrait la porter quelquefois trop loin, trouve répression dans ce que nous lui avons nous-mêmes dit de nos malheurs et révélé de nos fautes. Sans doute, cette jeunesse en a contracté quelque chose de tranchant dans son langage, d'absolu dans ses jugemens; et, parce qu'elle a, comme par anticipation, une expérience que les pères n'avaient pas eue et qu'eux seuls ont payée bien cher, elle incline trop à décider en certaines matières, dans l'examen desquelles elle a le tort de se croire suffisamment forte de sa seule raison. Ce fut, dans tous les temps, le défaut de cet âge, défaut que le temps et la méditation corrigent toujours dans les esprits droits. Mais, du moins, cette jeunesse de nos jours s'habitue de bonne heure à réfléchir. Ses idées sont graves, ses goûts solides. Ce n'est plus, chez elle, cette liberté de manières, cette licence de paroles, dont le fond était, autrefois, une immoralité précoce, fruit empoisonné des mauvaises lectures et des conversations à la mode. Tout cela serait de mauvais ton pour elle aujourd'hui. Les connaissances administratives, judiciaires, industrielles, littéraires, scientifiques, militaires, selon que leur vocation les y porte ou

que, l'exige la profession dans laquelle ils se
sont engagés, voilà, pour nos jeunes gens, le but
ordinaire de leurs travaux ; voilà l'aliment de
leurs entretiens journaliers. A la vérité, et ce
n'est pas sans peine que j'en conviens, beaucoup
trop d'entre eux négligent l'étude la plus sérieuse,
la plus essentielle de toutes, celle de la religion.
Ils la jugent une institution politique, réclamée
par toute société pour le besoin de sa conservation ; mais faite pour la multitude, dans les
rangs de laquelle on sent bien qu'ils ne se placent pas. En cela, malheureusement, ils subis-
sent aussi eux-mêmes les influences d'un siècle
auquel ils n'ont point appartenu et où l'homme
s'est élevé si haut à ses propres yeux, dédai-
gnant toute autre autorité que celle de son rai-
sonnement. Il faut sans doute plaindre, sous ce
rapport, une partie de la jeunesse d'aujour-
d'hui. Mais on peut se reposer, pour que ses
idées changent à cet égard, sur les années, sur
l'expérience de la vie, sur l'intérêt de chefs de
famille, qui sera un jour, qui, déja peut-être,
est celui de ces jeunes gens-là. On doit même
l'espérer d'autant plus que, du moins, tout ce
qui est moral a le plus grand prix dans leur
opinion ; qu'ils reconnaissent dans les préceptes
de l'Evangile la seule vraie philosophie, et
qu'il n'y a pas loin de cet hommage à un exa-

men de cette religion, qui n'a besoin, pour
être crue, que d'être vérifiée dans ses preuves ;
de cette religion qui en a soumis de plus re-
belles. Il y a, d'ailleurs aussi, une jeunesse reli-
gieuse et que distingue le talent, non moins
que des vertus. Les exemples de celle-là pro-
fiteront à l'autre.

Ici, et lorsque je viens de parler de la jeunesse, relativement à la disposition des esprits
en France depuis la promulgation de la Charte,
je ne saurais m'abstenir de reproduire, comme
trouvant encore sa place dans cette partie des
propositions que je développe, un vœu que j'ai
exprimé ailleurs (1) :

« Que ceux des gens du monde qui, après
« avoir eu une jeunesse fougueuse, déshonorée
« par de mauvaises mœurs ou égarée dans de
« funestes aberrations politiques, sont assez
« heureux pour que la religion ait parlé à leurs
« cœurs et les ait reconquis, se gardent d'une
« inflexibilité désespérante pour la jeunesse de
« nos jours. Qu'ils se rappellent sans cesse leurs
« propres écarts, beaucoup plus susceptibles
« d'un jugement sévère, parce qu'à l'époque

____

(1) Dans l'ouvrage qui a pour titre : *De la Religion Chrétienne,
relativement à l'État, aux familles et aux individus;* troisième
édition. 1824.

« où ils les ont commis tous les moyens d'in-
« struction avaient abondé dans l'éducation
« qu'ils ont reçue; tandis que, nés ou élevés
« au sein d'une Révolution qui a brisé presque
« tous les liens sociaux, corrompu pendant
« long-temps les sources de l'enseignement
« public, et enfanté le dévergondage des sys-
« tèmes et des maximes les plus impies, les
« jeunes gens d'aujourd'hui, s'ils inclinent vers
« ces systèmes ou ces maximes, sont plus dignes
« de compassion et d'intérêt, surtout, que de
« colère, Que les censeurs, trop impitoyables,
« dont je viens de parler, se fassent les amis de
« cette jeunesse actuelle ; qu'au lieu de la gour-
« mander avec amertume ou avec violence, de
« la rebuter, de se l'aliéner, ils l'éclairent de
« leur expérience et s'assurent par leurs con-
« seils, du moins, une autorité sur elle qu'ils
« ont le malheur de ne s'être pas acquise par
« l'exemple de leur première vie. »

Ce n'est pas seulement à cette portion si in-
téressante de la nation, la jeunesse, que l'état
présent des choses est cher en France. Il l'est
nécessairement à tous ceux qui, ayant com-
mencé la vie long-temps avant elle, ayant
vieilli au milieu des agitations, des bouleve-
semens, des périls et des souffrances, n'en pri-

sent que davantage le repos, l'ordre, la sécurité et le bien-être. Or, et l'on ne peut le contester, la situation de la France sous le régime de la Charte, offre le plus heureux contraste avec l'existence qui fut la sienne sous les gouvernemens précédens. Calme au-dedans, pacifiée au-dehors, elle voit prospérer l'agriculture, l'industrie, le commerce; elle voit les lettres, les sciences, les arts, protégés, encouragés. Les lois sont appliquées avec vigueur et sans acception de personnes ni d'opinions, par des magistrats indépendans. Tous les genres de liberté assurés par la Charte sont maintenus par les tribunaux, et si la liberté de la presse reçoit des modifications temporaires, c'est encore en vertu de lois qui les autorisent. On peut n'être pas l'approbateur de celles-ci, on peut aspirer à les voir abrogées ou changées ; mais, enfin, elles sont lois, et, tant qu'elles existent, elles commandent. Pour dernier trait de cette esquisse, où j'ai la conscience de ne rien exagérer, je montrerai sur le trône une famille dont la bonté est le premier attribut, d'autant plus paternelle que ses droits sont plus légitimes ; qui a de hautes vertus ; qui ajoute à l'autorité de son rang celle de ses exemples, et qui trouve dans le gouvernement avec la Charte cet avantage inestimable, que tout le bien qui s'opère est reporté vers elle, sans que jamais le mal qui se ferait doive lui être imputé.

Voilà le fond de notre situation actuelle. Quelques irrégularités dans la marche du gouvernement, quelques écarts même des dépositaires du pouvoir, ne sauraient faire que ce fond ne soit véritable : car, apparemment, n'étant que des hommes, nous n'avons que des institutions humaines. De plus, nous ne sommes libres ni de souvenirs, ni de passions, ni de prétentions. Il doit donc se commettre des fautes. Mais qu'est-ce que cela auprès de l'ensemble ? Que sont ces ombres auprès du tableau ? Les fautes sont supportables pour qui a vu les crimes et souffert de leurs suites.

Notre état présent, sous le régime de la Charte, en garantit d'autant plus la durée, qu'on sait ce qu'on tient et que l'épreuve est faite. Supposez-la du moins. Il faut à la place autre chose. Que serait-ce ? Je l'ignore, et ceux-là l'ignorent certainement comme moi, qui répugnent à la Charte, qui appellent vaguement de leurs vœux un inconnu, et qui prennent pour une manière de voir en politique la supposition d'un mieux. Mais ce que je crois savoir et que j'avance ici avec assurance, c'est que, de toutes parts, la machine du gouvernement s'ébranlerait ; que la confiance dans la foi jurée serait perdue ; qu'en admettant (ce qui n'est pas possible pour long-temps) un succès momentané du recours à la force ; les moyens d'innovation n'en demeureraient pas moins faibles contre l'étonnement général et contre l'opinion résistante ; qu'il y aurait à refaire l'éducation de la nation pour la placer dans le nouvel ordre qu'on substituerait à l'ordre détruit, et que les intérêts et les passions une fois remis en jeu ce sont des déchiremens et des catastrophes qui se montrent clairement pour résultats de la tentative. Quand on a, comme nous, traversé une mer de sang pour arriver à un ordre légitime et régulier, il y aurait plus que du courage, il y aurait du délire à vouloir, en la retraversant, retourner au point d'où l'on serait parti.

La Charte a donc encore, dans l'état présent de la France, l'une de ses garanties.

J'ai dit que l'avenir même lui en offrait une.

Placer la Charte sous la protection d'un temps qui n'est pas ne serait une pensée bizarre qu'autant qu'il n'existerait pas des données positives à l'appui de la proposition, dans les conséquences forcées du nouvel ordre monarchique que la France tient de ses Princes légitimes. Mais ces données, nous les avons, et nous les avons telles, qu'elles autorisent à préjuger ce que l'avenir entretiendra de vie pour la Charte. La conviction, à cet égard, me semble être déja bien préparée par les développemens qui précèdent; elle doit s'achever, dans les esprits, par ce qui me reste à dire.

S'il fut vrai de tout temps qu'on fait en vain des lois pour un peuple sans mœurs (1), il l'est nécessairement que les mœurs assurent, pour une nation, la durée de ses lois. Or, le gouvernement monarchique selon la Charte opérera infailliblement dans nos mœurs une heureuse révolution déja commencée. C'est le propre de tout gouvernement où les citoyens ont part aux affaires.

En effet, lorsque les institutions d'un pays ouvrent à tous, indistinctement, la carrière des emplois, des honneurs et des dignités, les lumières, les talens, les conditions légales elles-mêmes, ne suffisent pas pour y conduire. Il faut encore cette considération personnelle, cette estime publique, qui ne s'obtiennent que par une probité notoire, de bonnes mœurs et l'habitude des actions honnêtes. D'un autre côté, dans un tel pays, il est de l'essence des institutions que les communications deviennent fréquentes, habituelles, entre les citoyens; qu'ils soient mis

____

(1) *Quid vanæ sine moribus leges proficiunt?* Hor.

à portée de se connaître les uns les autres, et, dès-lors, la vie de chacun d'eux se trouve comme placée sous une continuelle surveillance de tous. Celui qui veut parvenir sait qu'il aura beaucoup de juges. Cette seule pensée est un frein, en même temps qu'une direction salutaire : car il y va de l'avenir.

Aujourd'hui, par un effet naturel des lois qui nous régissent et dont la Charte est le fondement, le contact des Français entre eux est presque journalier. Les conseils municipaux, les conseils généraux de départemens et autres, tels que ceux des hospices, des prisons, du commerce, les conseils de préfecture, les collèges électoraux, le jury, les bureaux de charité, les commissions diverses à la création desquelles ont donné lieu, sur tous les points du territoire, les différens objets d'utilité locale, mettent sans cesse les citoyens en contact les uns avec les autres. Dans ces communications, principes, sentimens, œuvres même, tout se révèle. On y apprend aussi des faits intérieurs de famille, de conduite individuelle, de position morale, non-seulement à l'égard des personnes présentes, mais encore de toutes autres. On finit par connaître bien ce que chacun vaut ; et quand le moment arrive où doit se déclarer une opinion sur tel ou tel homme, à l'occasion d'un choix auquel il aspire, cet homme recueille ce qu'il a semé. C'est alors qu'une bonne vie est comptée pour son prix, de même qu'une vie déréglée, ou même équivoque, porte sa peine. La confiance publique s'attache à l'une ; elle s'éloigne de l'autre : car, dans un état de société tel que celui où la Charte nous place, les citoyens savent que les intérêts publics sont leurs propres intérêts, et il leur faut des garanties dans les antécédens de ceux qui s'offrent à leur préférence pour les fonctions auxquelles concourt leur suffrage. Les choses ne se passent autrement que dans les jours de révolution et dans les temps qui en sont encore voisins. A ces époques, l'esprit de parti l'emporte. Tout homme est irréprochable, s'il est du parti. Ses actions passées, ses mœurs, même la notoriété de faits honteux, tout cela disparaît devant la passion qui anime. C'est ce qui explique comment, à des époques qui, heureusement, sont déja loin de nous, tant d'hommes décriés pour leurs œuvres et pour leurs vices ont occupé des emplois publics, et des plus importans, au grand scandale des gens de bien et pour le malheur du pays. Sans ces crises violentes des Etats, de pareils hommes ne seraient connus que sur le coin de terre où ils vivent. Mais quand le tonneau est fortement

remué, les immondices remontent à la surface.
L'ordre une fois rétabli, le gouvernement une
fois rassis sur des bases solides par le pouvoir
légitime, la morale publique ressaisit ses droits.
Le respect pour elle, les actes qui le prouvent,
la pratique des devoirs sociaux et des vertus
domestiques redeviennent les conditions obli-
gées de la confiance, soit du Monarque, soit
des dépositaires de son autorité, soit des citoyens.

Tel est le point où nous avons été ramenés
par la Charte.

Il ne faut pas confondre les luttes d'opinion
qui sont de l'essence du gouvernement représentatif avec celles qui agitent les peuples et
font leur malheur dans les temps de révolution. Les premières n'ont pour objet que l'usage
du pouvoir, dont on se plaint d'un côté et que
l'on défend de l'autre. Les secondes ne tendent
à rien moins qu'à renverser ou à préserver de
sa ruine la forme du gouvernement elle-même.
Dans les unes, il ne s'agit que de faire préva-
loir des systèmes. Dans les autres, être ou
n'être pas, voilà la question (1). On comprend
que, pour celles-ci, tous les défenseurs sont
bons, au gré de chaque parti. L'état de société

____

(1) *To be, or not to be, this is the question.*　Pop.

se trouve comme suspendu. Le combat est à mort. Mais quand un gouvernement existe, régulier, sagement balancé dans les pouvoirs qui le constituent, fort de l'intérêt même que les peuples ont à sa conservation, et que la forme de ce gouvernement est représentative, la lutte entre le pouvoir et ses contradicteurs ne préjuge rien contre ces derniers, quant au rapport moral sous lequel ils doivent être envisagés. Dans l'état de choses que je suppose et que la Charte a, réellement, créé pour nous, on veut supplanter, parce qu'on prétend qu'on fera mieux ; mais on ne songe pas à détruire, parce qu'on aurait tout à perdre. A la différence des époques de convulsion, où les assaillans sont des gens qui n'ont rien à risquer et qui cherchent à conquérir, sous le régime de la Charte, toutes les sortes de choix, soit populaires, soit ministériels, se co-ordonnent aux dispositions connues des prétendans, selon qu'ils sont contraires ou favorables au pouvoir. Mais ces choix ne sont pas aveugles, en tant qu'il s'agira de probité, d'honneur, de mœurs. Ni le Pouvoir, ni l'Opposition ne s'accommodent des hommes justement flétris dans l'opinion publique, ou qui méritent de l'être. Le pouvoir et l'opposition, au contraire, ont intérêt à ne montrer, pour appuis de leur cause, que des hommes honorables. Chacun d'eux aurait trop de confusion à reconnaître parmi ses soutiens des protégés que l'opinion repousse pour quelqu'un de ces motifs qui ne doivent jamais trouver grace quand il s'agit des emplois publics.

Qu'on se le persuade bien, tout homme qui, aujourd'hui, aspirera soit aux places dont le pouvoir dispose, soit aux fonctions que confèrent les citoyens, voudra n'avoir que de bons antécédens. Même l'héritier présomptif de la Pairie qui, pourtant, a son titre dans la loi fondamentale, songera toujours aux garanties que demande et dont s'assure, préalablement, la Chambre dans laquelle il est destiné à siéger. On ne verra donc plus, dans la haute noblesse, de ces hommes qui n'avaient d'elle que la naissance; qui, se livrant à une dissipation effrénée, accumulant dettes sur dettes, finissaient par forcer les tribunaux à flétrir un nom que leurs aïeux avaient illustré. Il en résultera que les mœurs de la Cour, aujourd'hui si pures, graces à d'augustes exemples et, aussi, à de meilleurs principes, plus universellement répandus parmi ceux qui la composent, ne redeviendront pas tristement proverbiales. Le besoin d'une considération toute personnelle, qui ne s'acquiert que par une bonne vie, sera celui de quiconque aura l'ambition d'être quelque chose dans l'Etat, ou auprès du Prince. En un mot, le moment est venu où ce ne sera pas impunément que l'homme qui se présentera au pouvoir ou à ses concitoyens pour occuper un poste de confiance aura eu de mauvaises mœurs, fait de mauvaises actions et mérité le fâcheux renom qui s'attache toujours à une conduite vicieuse et déréglée.

Que si, ne voulant voir dans tout ce qui précède qu'une vaine théorie, qu'une utopie pure, le lecteur croyait pouvoir, pour le contester avec avantage, objecter quelques faits du temps présent qui contrediraient mes assertions, je le prierais de remarquer qu'il s'agit ici de l'avenir de la France avec la Charte.

J'ai soutenu que le gouvernement monarchique qui s'appuie sur elle devait opérer une salutaire révolution dans nos mœurs. C'est là une vérité telle que déja, sous ce rapport, les effets se font sentir parmi nous. Qu'on veuille bien accorder quelque attention à ce qui va suivre.

Un écrivain de nos jours a dit que la littérature est l'expression de la société. Si cette définition est juste, jamais l'application ne put s'en faire mieux, pour notre pays, qu'à l'intervalle qui sépare de la Régence la grande commotion de 1789. Les mœurs furent d'une affreuse dépravation pendant cet intervalle. Aussi, les livres obscènes et impies abondèrent-ils ; car c'est de ce temps que datent les productions déplorables qui, en ravageant les sens et en outrageant les croyances, corrompirent les cœurs. Ces livres infâmes, on les recherchait avec ardeur, on les lisait, on les citait, on en faisait un aliment des conversations, on y admirait la malignité, la gaîté spirituelle de leurs auteurs. Chacun en retenait des passages. C'était là toute la littérature de beaucoup de gens. Plus on savait de ces choses et on en récréait un auditoire de salon, plus on passait pour un homme aimable, pour un homme charmant. Le plus réservé, le plus décent, était celui qui, au risque de paraître froid, se bornait à l'équivoque. Voilà ce qu'ont vu, ce que doivent se rappeler ceux qui furent jeunes il y a cinquante ou soixante ans, et dont plus d'un, peut-être encore adolescent alors, et entendant débiter de pareilles infamies, sentit son front se couvrir de cette rougeur que le philosophe de Sinope lui-même appelait les couleurs de la vertu. La liberté de la presse n'existait pourtant pas alors. Au contraire, une censure bien autrement large en attributions, bien autrement répressive que celle dont nos lois autorisent aujourd'hui l'exercice temporaire, était établic. Mais la société, dépravée, voulait les mauvais livres, comme les Romains du pain et des spectacles (1). Ces mauvais livres s'imprimaient chez l'étranger, d'où ils se répandaient en France. Et c'est ainsi que la corruption des mœurs, qui avait produit la licence des écrits, s'entretenait par cette dernière. On sait quelles en ont été les suites !

Aujourd'hui, et depuis la Restauration spécialement, de tels passe-temps, de telles habitudes, ne sont plus de mode. On ne voit pas un écrivain ayant quelque renom, mérité par un talent réel, attacher un espoir de faveur publique à la composition d'ouvrages du genre de ceux qui charmèrent la société d'autrefois. Aussi les spéculateurs misérables qui ont imaginé de chercher un lucre dans des publications de cette espèce ont-ils été réduits à reproduire de vieilles turpitudes, et je ne sache pas qu'ils y aient trouvé la fortune. Oui, les mœurs sont déja meilleures. On peut le remarquer au sein des familles. Elles deviendront plus graves, plus pures encore, par les raisons que j'en ai données. Des villes, elles se communiquent aux campagnes, et la religion, bien comprise, bien enseignée, bien pratiquée, surtout par ses

---

(1) *Panem et circenses.* Juv.

ministres, imprimera le sceau de son autorité, dans les unes comme dans les autres, aux conséquences nécessaires de nos nouvelles institutions.

J'ai expliqué les garanties morales qui se préparent, pour la Charte, dans l'avenir. La raison politique de sa durée est tellement familière à tous, aujourd'hui, qu'il suffit de l'indiquer ici. Car notre rude expérience, nos longs malheurs, ont fait de chacun de nous un publiciste plus ou moins éclairé, mais qui, à coup sûr, en a appris autant et plus que n'en ont su les rêveurs de théories sur les diverses formes de gouvernement. J'ai dit ailleurs, et je le pense, que la Révolution est un grand livre où ce qu'on appelle le peuple lit aussi couramment que l'homme le plus lettré.

Après les essais, si malheureux, de 1791 (1), de 1793, de l'an 3, de l'an 8, avec ses lois organiques, ses sénatus-consultes et ses décrets

______

(1) Un Français voyageait dans l'Amérique-Septentrionale à la fin de 1791. Il arrive dans une ville au tombant du jour, et descend à l'une de ses auberges. Pendant qu'on lui dispose un appartement, le maître l'aborde : « Vous êtes Français ?—Oui, monsieur.—Mais « quelle besogne venez-vous donc de faire en France ?—Que vou- « lez-vous dire ?—Votre constitution.—Eh bien, monsieur, que « trouvez-vous donc à y reprendre ?—Comment, monsieur, vous « avez un Roi et une Chambre ! Mais, dans six mois, le Roi aura « dévoré la Chambre, ou la Chambre aura dévoré le Roi » Cet au-

impériaux , le Roi légitime est revenu, qui nous a départi la Charte. La légitimité était déja , seule, un solide fondement de la forme nouvelle du gouvernement monarchique. Mais la combinaison des élémens entre eux, et un sage équilibre entre les pouvoirs, voilà ce qui asseoit la Charte sur les plus fortes bases. Dans l'économie de cette loi d'Etat, le Roi s'a-puie alternativement sur l'une ou sur l'autre Chambre, selon que la tendance de l'une est trop aristocratique ou, de l'autre, trop démo-cratique. Les prérogatives du Roi y sont telles que le moyen de salut, dans chaque péril, se trouve remis entre ses mains. Dominant sur tout, supérieur à tous, d'un mouvement de son sceptre, il tempère, il calme, il préserve. D'un autre côté, les lumières, le sentiment profond des besoins publics , l'intérêt de la conserva-tion qui inspire si puissamment, dans les crises, tout membre de chacune des Chambres qu'at-tache à son pays le double lien de l'affection et de la prospérité, ce sont là des causes de sécu-rité d'autant mieux appréciées aujourd'hui par

---

bergiste , qui portait un bonnet de coton sur sa tête et un couteau de cuisine à son côté, ne s'est trompé que de quatre mois. Le Français dont je viens de parler était feu M. le comte Otto, que nous avons vu remplir, avec une si grande distinction, les plus hautes fonctions de la diplomatie, et de qui je tiens l'anecdote.

les Français qu'ils ont passé par plus d'é-
preuves pour arriver à l'ordre social dans lequel
ils respirent enfin depuis la Restauration. Et,
ce qui n'est pas une des moindres preuves de
mon explication à cet égard, en même temps
que de l'excellence de la Charte, c'est la sagesse
qu'a déployée la Chambre haute, en quelques
circonstances, en arrêtant, par ses résolutions
au sujet de tel ou tel projet de loi, une direction qui inquiétait les gouvernés. Sans doute,
ces contradictions, ces débats, n'ont pas lieu
sans agitation des esprits. Mais croit-on, de
bonne foi, que, quelle que fût la forme du gouvernement, chacun, en France, à l'époque où
nous sommes parvenus, ne s'occuperait pas
avec sollicitude des actes du pouvoir ? Croit-on
que chacun demeurerait indifférent à ce qui
concernerait les intérêts les plus chers ? Le remède au mal que l'on signale sera toujours dans
la force qui appartient au pouvoir pour faire
exécuter les lois, une fois portées et promul-
guées. Et le sentiment de l'obéissance que l'on
doit à la loi n'a jamais, à aucune époque, il faut
le dire, été plus avant dans le cœur du Français. Ce sentiment, on doit le compter aussi pour
beaucoup dans les garanties de la durée de la
Charte.

Je ne négligerai pas d'aborder une autre objection, qui se reproduit perpétuellement en cette matière.

Le Clergé, dit - on, ne veut point de la Charte. Il la repousse ; il en est l'ennemi.

Je me suis expliqué sur le clergé de France dans un autre écrit. Je l'ai montré, en masse, humble, soumis, désintéressé, vraiment religieux, et donnant, le plus généralement, l'exemple des vertus de son ministère. Je pense de lui ce que je pensais alors et, même en me rappelant quelques écarts particuliers, récens, dont, au surplus, les supérieurs ecclésiastiques, en même temps que les tribunaux, ont fait justice, je regarde comme non méritée la supposition à laquelle je résiste ici.

Conclure de deux ou trois exceptions à l'esprit général ne fut jamais une bonne manière de raisonner. Il semblerait, à entendre quelques personnes parlant du clergé de France, que nous soyons en Espagne. Là, sous le prétexte ou par abus de ce qu'il y a de plus saint, la religion, c'est en son nom que des membres du clergé s'immiscent avec autorité dans le gouvernement des affaires de l'État, prennent, au besoin, le casque et l'épée, *résistent à la puissance* légitime et prétendent lui dicter des lois. Je dis des membres du clergé. Car je n'admets pas que tel soit l'égarement de tous. Je crois,

au contraire, que beaucoup de prélats respec-
tables, de prêtres vraiment chrétiens, en Espagne, gémissent de ces excès si contraires aux
préceptes de l'Évangile. Mais, enfin, voilà ce
qui se fait, dans cette malheureuse Espagne,
par une partie du clergé. De bonne foi, peut-
on voir entre ces ecclésiastiques-là et les nôtres
la moindre ressemblance ? Ceux - ci ne se
montrent - ils pas aussi paisibles que les autres
sont remuans, aussi détachés des biens de ce
monde que les autres y demeurent attachés ?
De plus, est-ce que le clergé de France n'a pas
fait et ne fait pas journellement des preuves
d'une parfaite soumission aux lois de l'État
et, par conséquent, à la Charte ? Le Roi a un
ministre des affaires ecclésiastiques, pair de
France, qui a prêté le serment à la Charte.
Plusieurs archevêques et évêques siègent dans
la Chambre haute. C'est dire qu'ils l'ont
prêté aussi, ce serment. A un ou deux man-
demens près, déja loin de nous, les instruc-
tions pastorales roulent sur ce qui doit en
être l'objet, et non sur les affaires politiques.
De son côté, le clergé inférieur enseigne paisiblement, prie et administre les secours spiri-
tuels. Voilà le Clergé de France en masse. Après
avoir essuyé des persécutions qui n'ont eu d'é-
gales que celles des premiers siècles de l'Église,

il bénit le repos que Dieu a rendu aux peuples et à lui-même, par le retour de nos princes légitimes, et il remplit le devoir de donner l'exemple de la soumission à la puissance établie. Quelques ardeurs chez de jeunes prêtres qui, après tout, sont des hommes, quelques écarts d'un zèle inconsidéré, ou peu éclairé, ne prouvent rien contre le corps du clergé en général. Surtout, ils n'ont rien qui puisse affaiblir ce que j'ai exposé des garanties assurées à la Charte.

Oui, le corps du clergé français est soumis aux lois de son pays, par conséquent à la Charte. Il sait que le précepte de l'obéissance aux puissances est un précepte divin. Il l'a prouvé dans les jours mauvais. Ce n'est pas, apparemment, sous le règne des princes légitimes qu'il méconnaîtra les droits de leur autorité. La masse de ce clergé, si respectable par ses souffrances et par sa conduite depuis trente-cinq ans, connaît les véritables intérêts de la religion. Elle gémit de ces irrégularités, de ces écarts, qui en compromettraient la grandeur et la majesté, si l'une et l'autre dépendaient des hommes. Elle pense, avec raison, que la religion a toute sa force en elle-même; que c'est par sa doctrine, par les prédications et par les exemples de ses ministres, que le triomphe doit en

être assuré. Enfin, elle comprend parfaitement, qu'aujourd'hui ces auxiliaires qui, dans
d'autres temps, furent imaginés, avec une intention louable, comme moyens de conserva-
tion du principe religieux au milieu des atten-
tats de l'impiété dominante, ont cessé d'être
nécessaires et pourraient finir par devenir dan-
gereux. Ce n'est pas la masse du Clergé français qui veut fonder insensiblement l'ordre politique sur un système d'exclusions et de pré-
férences dont l'intérêt de la religion serait le
prétexte, mais qui, en réalité, tendrait à la
satisfaction d'intérêts purement humains, et
finirait par ouvrir une carrière de succès à
l'hypocrisie. Ce n'est pas elle, non plus, qui
méconnaît le prix d'une heureuse alliance des
libertés de l'Église gallicane avec la soumission
parfaite au Saint-Siège. Qu'on cesse donc de
voir, dans le corps de ce vénérable Clergé de
France, un ennemi du gouvernement établi par
les Bourbons, un obstacle à la solidité des garanties sur lesquelles la Charte repose.

Ces garanties, dans l'avenir, comme dans
le passé et dans le présent, sont telles, que le
gouvernement le plus entreprenant, supposé
avoir à ses ordres l'armée la plus aguerrie,
tenterait vainement contre elles les ressources
de la violence, de la terreur même. Il y aurait

compression. Il y aurait stupeur ; mais il y aurait aussi cette opinion formidable dont les
coups d'Etat les plus hardis ne triomphent jamais, et qui finit toujours, au contraire, par
triompher d'eux : témoins la Convention, le
Directoire et Bonaparte.

Or, chacun sait combien sont loin de nous et
ces dominations et les temps où elles s'exer-
cèrent, et les moyens dont l'emploi les assura,
et la pensée du recours à ces moyens, et les raisons d'en espérer le succès.

Au milieu des oscillations qui étaient insépa-
rables d'un évènement aussi prodigieux que la
Restauration, où tous les intérêts mis en jeu
ont excité toutes les passions, le gouvernement
monarchique selon la Charte s'est établi. L'é-
preuve en est faite, et cette épreuve lui est fa-
vorable, dans l'opinion la plus générale. Cela
se prouve par une seule remarque. Aujourd'hui,
dans les dissidences et dans les luttes politiques,
on s'accuse mutuellement de violer la Charte.
Ainsi, quel que soit le degré de sincérité des
uns et des autres dans l'expression de cette sollicitude pour elle, toujours est-il que la res-
source des contendans se place déja là, et qu'ils
sont réduits à combattre sur le même terrain.
Il en résulte que la masse qui n'est pas dans le
secret de certaines affectations, de certaines

vues, s'accoutume à voir dans la Charte la protectrice commune, le *Palladium* de tous, et qu'ainsi se fortifie, de jour en jour, la confiance que les Français placent en elle.

C'est bien quelque chose, après tant d'années de troubles, de déchiremens et de souffrances, que de tenir un ordre social, que de le tenir des Princes légitimes et de pouvoir se reposer avec dignité, à l'ombre de leur sceptre. [Ceux-là, surtout, doivent savoir apprécier un tel avantage, qui ont connu les années de la tempête et survivent à ses fureurs. Les uns ont subi au dehors les rigueurs de la mauvaise fortune. Les autres ont souffert au sein même du pays, où, apparemment, on ne fut pas sur des roses. Tous semblent donc devoir trouver le bonheur à respirer enfin sous le gouvernement paternel des meilleurs des Princes.

Mais nous avons trop facilement oublié le passé quand il s'agit de nos anciens malheurs, et nous sommes tout aussi exigeans que si nous n'étions pas mille fois mieux.

D'un autre côté, ce ne sont pas les plus maltraités par l'ouragan révolutionnaire qui se montrent les plus difficiles. Il est, même, remarquable que ceux des Royalistes qui ont donné le plus de gages, qui ont le plus combattu, le plus perdu, sont les plus résignés et les plus soumis. Trop de gens qui n'ont pas eu, à beaucoup près, le même mérite, se créent le droit de mettre en question l'usage que Louis XVIII a fait de sa puissance légitime. A les entendre, ils n'ont pas cessé, pendant vingt-cinq ans, de soupirer après les Bourbons, de les espérer, de les attendre. Peut-être, même, ne leur a-t-il manqué que l'occasion pour être des Rivière et des La Rochejacquelein. Si chacun de ceux - là, pourtant, voulait bien se recueillir, chercher, de bonne foi, à reconnaître ce que, durant ces vingt cinq ans, il a pensé, dit et fait sous les divers gouvernemens qui se sont succédés en France, comme, aussi, ce qu'il n'a ni pensé, ni dit, ni fait, dans le même intervalle, il pourrait finir par trouver de larges lacunes dans cet espoir prétendu, dans cette prétendue attente. Il découvrirait plus d'une ombre au tableau de la fidélité qu'il proteste avoir conservée. Il ne serait plus, à ses propres yeux, un héros de Royalisme. Heureux, toutefois, de revoir et de posséder nos Rois, il respecterait davantage le gouvernement qu'ils ont jugé, instruits par l'expérience, être le plus approprié aux besoins de la France de 1814.

Soyons donc plus justes, et lorsque ce gouvernement devient, de jour en jour, pour les peuples, l'objet de plus d'attachement, parce qu'ils y voient plus de garanties , cessons de méconnaître le discernement dont l'auteur de la Charte a fait preuve.

Que la Charte ne soit pas une œuvre parfaite, qu'on doive y regretter l'absence de quelques dispositions, cela est possible. La Charte est des hommes. Mais, telle que nous l'avons , elle satisfait aux vœux les plus anciens comme les plus persévérans des Français. Elle protège tous les droits de l'homme social. Elle rend le Monarque plus cher à la nation en le lui montrant comme le chef de la famille. Voilà des résultats assez précieux à conserver après qu'ils ont été payés un si haut prix ! Louis XVIII, au surplus, aura donné aux Français, comme Solon aux Athéniens, non pas les meilleures lois peut-être, mais, certainement, les lois qu'ils pouvaient davantage supporter.

Que la Charte, encore, soit quelquefois éludée, violée même, ce n'est point là, non plus, une objection contre elle. Il y a des Chambres législatives, il y a des tribunaux, il y a une cour des Pairs, auxquels la Charte a confié le soin de sa propre garde. La préserver, la maintenir, est l'affaire et le devoir de ces pouvoirs divers. De plus, ne prenons pas pour l'état de choses qui doit être, dans les vues de la Charte, celui qui est au moment où elle s'asseoit sur ses bases. La

Révolution a fini, sans doute. Mais l'ébranle-
ment dure encore. Notre noviciat, dans le carrière de l'ordre, s'avance chaque jour, mais il
n'est pas achevé. Les souvenirs, les regrets,
les prétentions, tout ce que produit le conflit
d'intérêts, voilà les causes qui retardent la
consommation de l'œuvre par une régularité
plus satisfaisante de la marche constitutionnelle.
Mais le plus fort est fait et, pour nous en tenir
à ce que nous avons, comparons-le sans cesse à
ce que, heureusement, nous n'avons plus.

Nous, surtout, générations vieillies, nous
qui allons bientôt dormir dans la paix des tom-
beaux, n'envions point à nos enfans un calme
d'existence qui nous fut à peu près inconnu et
dont il nous est donné de goûter quelques jours
avec eux. Ne prétendons pas mettre sous l'empire des temps, déja bien reculés, où nous avons
vécu, les générations jeunes et fortes qui nous
remplacent, et qui ne savent de ces temps que
les fautes et les erreurs. Nous, encore, qui
croyons fermement à l'action de la Providence
sur les choses de ce monde, méditons sur ce
miracle d'une Restauration qu'elle a opéré dans
sa commisération pour nos longues souffrances. Car il y a eu là un prodige véritable que,
dans la sorte d'étourdissemens où il les a jetés,
les contemporains n'ont pas assez reconnu, mais

que la postérité saura , mieux qu'eux, reporter vers son auteur. Comprenons tout le bienfait de notre existence nouvelle , à la durée de laquelle sont assurées tant de garanties, malgré ce qu'on voudra signaler d'imperfection dans notre loi fondamentale. Et si des idées, soit de pouvoir absolu , soit de retour à l'ordre ancien des choses, soit même d'un changement quelconque dans la forme actuelle de notre gouvernement monarchique , tourmentent encore l'esprit de quelques hommes, rappelons - leur que les Bourbons d'Espagne sont remontés sur le trône en même temps que les Bourbons de France , et montrons - leur cette malheureuse Espagne! Montrons la-leur, désolée par la plus déplorable anarchie, en proie à tous les maux que la guerre civile entraîne après elle, recélant dans son sein les germes d'une totale dissolution, et cela depuis ces mêmes quatorze années pendant lesquelles le trône des Bourbons de France s'est affermi, de plus en plus, sur les bases qu'avait posées pour lui le vénérable chef de l'auguste famille. Ce contraste, que j'ai eu occasion de faire ressortir avec plus de développemens dans un autre écrit, publié il y a quatre ans (1), est aussi décisif qu'il frappe

____

(1) *De l'Influence de la Guerre d'Espagne sur l'affermissement de la Dynastie légitime et de la Monarchie constitutionnelle, en France*

d'évidence tout homme de bonne foi. Une gé-
néreuse et puissante influence paraît aujour-
d'hui s'exercer enfin avec plus de succès dans
les conseils d'un Monarque qui ne peut, certainement, vouloir que le bien de ses peuples,
et qui commence à reconnaître combien l'exal-
tation de sentimens cache souvent de vues par-
ticulières et d'ambitions secrètes. Ce Monarque,
qui a pris le parti de vouloir juger des choses
par lui-même, comprend, de jour en jour, que
des sujets qui désobéissent à leur Roi et sou-
tiennent cette désobéissance les armes à la main,
sous prétexte de défendre son pouvoir, ne sont
pas des royalistes, mais des révoltés. Il n'y a,
pour lui, qu'un pas de cette découverte au réta-
blissement de l'ordre dans ses États.

Quant à nous, qui avons ce bonheur, que le
gouvernement de nos princes légitimes ait mis
un terme aux usurpations successives de la démagogie, de l'olygarchie et du despotisme d'un
seul, jouissons de ce que nous possédons, et que
le sentiment de ce bien-être redouble en nous
au souvenir d'un tel passé! Nous en sommes,
heureusement, à ce point d'expérience, que les
démonstrations, les exagérations, les protesta-
tions, sont jugées aujourd'hui pour ce qu'elles
sont, et ne trompent plus personne, depuis
que le principe a été avéré en résider, trop

souvent, dans des calculs d'intérêt privé. C'est
là un résultat important. Car chacun saura,
désormais, qu'il n'y a plus à nourrir, encore
moins à affecter d'arrière-pensées ; que tout
système de duplicité, outre qu'il offense la religion et la morale, serait adopté en pure
perte ; que la bonne foi qui règne sur le trône
commande la bonne foi à ceux qui se disent les
amis du trône ; qu'enfin c'est dans un concours
loyal, avec les Bourbons, au maintien et à l'affermissement des institutions par eux données
librement à la France, qu'il faut placer l'espoir
de tout succès ambitionné.

Les royalistes sont innombrables en France,
si l'on veut bien enfin ne pas refuser ce nom à
ceux qui, rendant hommage aux droits et aux
vertus des Bourbons, n'aspirent qu'à recueillir
les conséquences de la Restauration. Combien de
ces Français, dont on fait une classe sous le nom
de libéraux, s'indignent à la seule pensée qu'on
puisse voir en eux d'autres hommes que des
amis de l'ordre établi par la volonté et sous les auspices de nos princes! Combien se sentent et se
proclament des royalistes plus éclairés et plus à
l'épreuve des crises que ceux qui les condam-
nent ! Il serait bien temps, en vérité, que toutes
ces dénominations, qui n'appartiennent qu'à l'esprit de parti, fussent abandonnées sans retour.

Dans le gouvernement représentatif, tel que nous l'avons, l'opposition, sans doute, est inévitable. Elle est même indispensable, et tout ministère fort devra la désirer plutôt que la craindre, parce que tout ministère fort trouvera, le plus souvent, dans sa capacité, dans une possession certaine du positif des choses, dans l'ardeur même de l'Opposition, qui expose celle-ci à la précipitation et à l'erreur, des ressources assurées contre les aggressions téméraires. Mais de l'opposition à l'hostilité au trône, la distance est immense. En Angleterre, si des factieux menaçaient le sceptre légitime, il faudrait que ceux-ci passassent sur le corps de chacun des membres de l'opposition pour arriver à la consommation d'un attentat. En France (et la supposition n'y est pas admissible), on verrait infailliblement la même chose dans le même péril. Des hommes, en effet, pour qui la vie est déja plus qu'à son milieu, des chefs de famille, des propriétaires, soit de grands domaines, soit d'établissemens industriels considérables, enfin, des membres de la société distingués ou par la naissance, ou par les lumières, au par des talens, ne sourient guère à la pensée d'un bouleversement. Ils peuvent être mécontens, ils peuvent avoir de l'ambition et s'irriter des obstacles qui arrêtent l'essor de la leur. Mais ils ne deviennent pas facilement les complices de factieux, encore moins des factieux eux - mêmes. C'est là un rôle qui ne se joue, le plus généralement, que par des hommes déja décriés, ou par des gens qui n'ont rien à perdre, qui, au contraire, ont tout à gagner dans le désordre. D'ailleurs, dans les convulsions politiques, l'anarchie exerce indistinctement ses ravages au préjudice de tous. Elle ne considère pas plus ceux qui l'ont favorisée imprudemment que ceux qui l'ont combattue avec vigueur. Elle dépouille tout ce qui est vêtu. Elle prend partout où il y a à prendre. Voilà de ces choses que nous a appris une Révolution encore flagrante, pour ainsi dire, et où nous avons reçu des leçons trop rudes pour que, du moins, elles ne soient pas mises à profit. Que si, après cela, on insiste, on se croit fondé à personnifier, en rattachant quelques noms à des maximes étranges où à des théories dangereuses, je dirai que ce sont là des égaremens individuels, des systèmes isolés, que l'expérience d'un passé encore récent sait apprécier, et dont juge sainement l'Opposition elle-même.

Les réflexions qui précèdent sont tellement simples, qu'on pourrait les appeler des lieux communs. Elles doivent donc être comprises.

Depuis plusieurs années, les luttes violentes dont l'arène politique a été le théâtre, ont semblé mettre en question l'existence de la Charte, c'est-à-dire de la Restauration elle-même. Il était devenu plus important que jamais de rassurer ceux qui craindraient pour elle, de désabuser ceux qui espéreraient contre elle. Ou je me trompe, ou j'ai démontré, dans cet Écrit, que la Charte de Louis XVIII a des garanties contre lesquelles doivent demeurer impuissans le regret du passé, les vœux dans le présent, l'espoir dans l'avenir. Si les raisons que j'en ai données sont bien méditées, elles finiront, j'ose le croire, par conduire tous les bons esprits à cette conclusion, qu'il faut se soumettre, lorsque ce sont les Princes légitimes qui l'ont établie librement, à une forme de gouvernement née d'une longue suite d'agitations, de vicissitudes et de controverses ; appropriée aux besoins de l'époque où la France a revu son Roi, et à ceux des peuples qui allaient revivre à l'ombre du sceptre héréditaire ; déja forte, non-seulement de l'épreuve qu'elle a subie, mais, même, des résistances tentées contre elle ; infiniment précieuse en ce point, surtout, que le Monarque y recueillera toujours, dans l'amour des peuples, les fruits du bien qui s'opérera, sans que jamais le mal qui pourrait se faire soit imputable à sa volonté ; à une forme de gouvernement, enfin, où la religion de l'état conserve les droits de son auguste prééminence, et où se trouve résolu le difficile problême d'une alliance de la monarchie avec la liberté. Alors, les passions se calmeront. Alors, il sera reconnu que, si le Français fut toujours trop fier pour être long-temps asservi, il n'est plus trop ardent pour demeurer libre. (1); que, si nous avons eu le malheur, suivant l'expression d'un grand homme d'état (2), de *traverser la liberté*, nous aurons eu la sagesse de rentrer dans ses limites, à la voix de nos Princes légitimes. Alors, tous les Français se ralliant franchement au trône appuyé sur la Charte, ces dénominations, qui signalent encore les inimitiés politiques, disparaîtront de notre langue, et la France comptera autant de Royalistes que le Monarque gouvernera de sujets.

----

(1) *Gens gallica, nimium ferox ut serviat, nisi quæ obsequens ut libera sit.* Cæs. *Bell. gallic.*

(2) M. Pitt.

FIN.

9 782016 143148